Rachel Corenblit

LE MÉTIER DE PAPA

illustrations de Nikol

zigZag
AU ROUERGUE

Le papa de Théo, il est coiffeur. Le papa de Jérôme, il est plombier. Le papa de Mustapha, il est coursier, sur un scooter. Le papa d'Abdelkader, il est gardien. Il a un uniforme et c'est comme la police sauf qu'il ne surveille que les voitures. Le papa de Paul, il est prof, et le papa de Julien, il est informaticien-ingénieur. Le papa de Juliette, il vend des pizzas. Le papa de Linda, il reste

sur le canapé et il fume des cigarettes et Linda dit que c'est un super-métier et c'est ce qu'elle fera quand elle sera grande. Le papa de Joachim, il est dans un restaurant collectif. C'est une cantine pour les grands et son métier, c'est chef. C'est joli, comme métier. Chef. Le papa de Karima, il répare les télés. Le papa de Benjamin, il est ingénieur-informaticien et c'est pas la même chose que le papa de Julien. Le papa de Yasser, il est téléphoniste. Ça veut dire qu'il téléphone tout le temps et Yasser dit que les gens ne sont plus polis. Ils insultent, ils raccrochent au nez, ils ne disent plus bonjour et c'est un métier qui dégoûte de l'humanité.

Le papa de Magnolia, il est chanteur. Dans les bals. Il paraît qu'il chante comme Claude François. Je le connais pas, Claude François, mais Magnolia dit que c'est le plus beau. Et le meilleur. Et son papa aussi.

Mon papa, il est voleur. Ou violeur. Ou assassin. Tueur. Voilà ce qu'il est, mon papa. Je ne sais pas trop.

2

Non, je ne sais pas.

J'imagine que peut-être il a volé une banque. Avec une cagoule, il est rentré et il a gueulé : « Les mains en l'air ou je vous bute. » Il n'est pas grand, mon papa. Il n'a pas dû les impressionner et la dame derrière la vitre a rigolé et elle a appuyé sur le bouton rouge pour prévenir les flics. Il a essayé de secouer son revolver pour leur faire encore plus peur et tout le monde a dû s'appuyer contre le mur pour pas s'écrouler de rire. Mon père s'est énervé. Il a tiré dans le tas. En plein dans la tête de la vieille qui avait l'air de faire pipi dans sa jupe tellement elle se moquait de lui. Et une balle dans le bide du gars qui gloussait devant le guichet. Du sang partout sur sol. Je vois bien mon père au milieu du carnage avec son air de lapin perdu.

Les policiers sont arrivés. Ils l'ont plaqué au sol, ils l'ont bousculé et poussé direct en prison.

Onze mois.

Ou alors, il a attrapé une petite fille à la sortie de l'école. Des hommes comme ça, il y en a plein. Il l'a attrapée par la main en lui montrant des bonbons, je sais pas, des gâteaux, des poupées. Il a pu lui sourire. Je me souviens, mon père, il sourit bien. C'est agréable et ses yeux brillent et il a des dents pas trop pourries. Je crois.

Il a donc installé la petite à l'arrière de la voiture, là où je m'assois, à ma place. Il lui a parlé et aussi, il lui a chanté notre chanson : *Le roi des papas*. Et la petite fille a tapé dans ses mains et elle a gueulé « Je chante pour toi, le roi des papas », parce que ce sont les paroles de notre chanson et elle est très belle et facile à apprendre. Mon papa à moi devait la regarder dans le rétroviseur. Il s'est arrêté dans la forêt, un coin sombre avec des arbres qui te laissent tomber leurs branches noires sur la figure et les buissons qui t'arrachent des bouts de vêtements. La petite n'a pas voulu descendre, alors il a ouvert la portière et il a écouté les oiseaux qui faisaient leurs bruits et les renards qui chassaient et

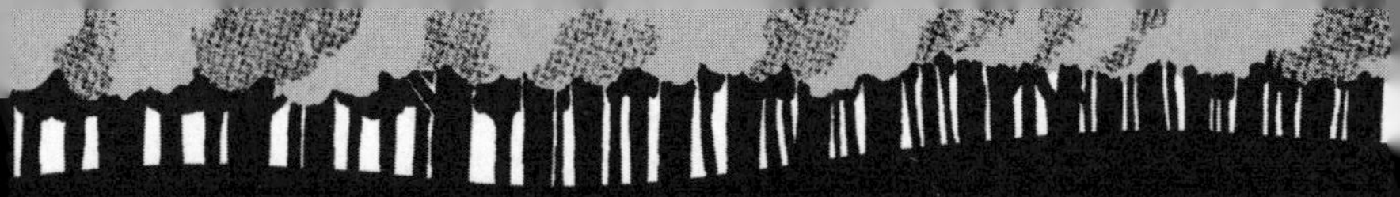

les chouettes qui guettaient. Les insectes qui rampaient. Les feuilles qui s'agitaient. La fille, ça l'a rassurée de voir un monsieur qui aimait la nature. Peut-être qu'il l'a perdue dans les buissons ou coulée dans la mare ou enfouie sous la boue, puis il s'est assis. Il a regardé les nuages qui arrivaient et les moustiques lui piquaient le visage, les bras. La nuit a avalé son ombre.

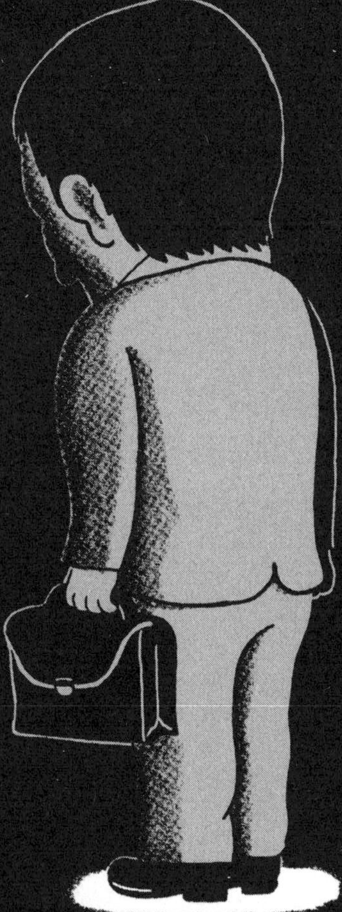

Onze mois qu'il est en prison.

Avant la prison, mon père, il était assureur. Je trouvais que c'était un joli boulot.

Quand on est assureur, on doit assurer. Être sûr. Un assureur, c'est quelqu'un qui sait ce qu'il fait. Il a du courage pour les autres. C'est rassurant, un assureur.

Peut-être qu'il n'en avait pas assez, mon père, du courage. Que toute sa vie, il a fait semblant. D'assurer. Au fond, la vérité, c'est qu'il était un peureux. Un lâche. Un voyou. Une racaille.

Je suis le fils d'un prisonnier. Maintenant, c'est ça son métier. Prisonnier.

C'est embêtant, quand même, de ne pas savoir.

Je voudrais, mais on n'en parle pas. Maman dit que ça lui creuse le cœur et je l'entends, le soir, quand elle téléphone à Tantine Jeannine la Reine de la Cuisine. Elle chuchote : « J'en peux plus, je ne tiens plus » et elle pleure. Tantine Jeannine la Reine de la Cuisine doit lui promettre des tonnes de beignets

au chocolat. Y a que ça qui la console. Ma mère se cale sur son fauteuil, dans le salon, et elle engouffre sa douzaine de

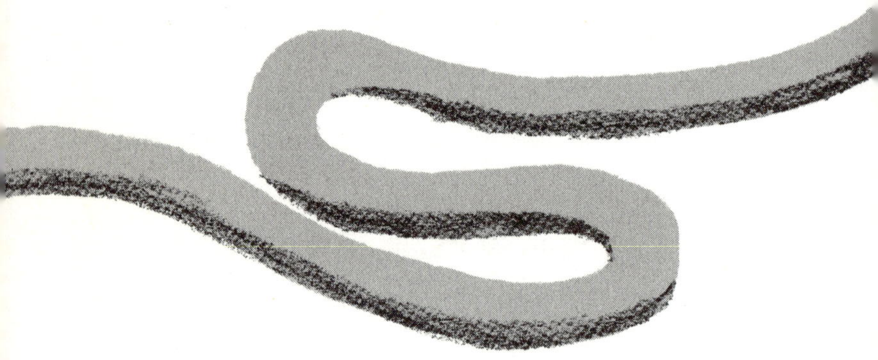

gâteaux et elle pleure pendant que Tantine Jeannine me fait faire les devoirs. Pour pas que je redouble. Elle bouffe ses beignets comme

un aspirateur nettoie la poussière, d'un coup, la bouche ouverte et ses larmes rentrent en même temps et se mélangent à la pâte et à la fin, ma mère, elle ressemble à plus rien. Une forme floue chocolatée et beignétisée et larmoyante qui répète : « Ça va mieux, ça va mieux, ça va mieux. » Sur l'assiette trône le dernier des beignets, le survivant de la razzia, et elle me le tend.

– Tu vois, j'ai réussi à te le garder, elle dit.

Je souris et je l'avale, mais chaque bouchée mâchée refuse de s'engloutir. Je m'étouffe avec ce beignet qui ne peut consoler que ma mère.

Je ne sais pas, donc, et je ne demande pas à ma mère ni à Tantine qui, de toute façon, cuisine mieux qu'elle ne parle et qui est toute vieille.

Mais je m'en fiche, je ne suis pas triste du tout.

Pourquoi je serais triste ? Si mon papa est un tueur, un voleur, un violeur, un assassin, c'est très bien qu'il soit en prison et, de toute façon, il est moche et tout petit.

Je ne lui ressemble pas. Ma mère, elle me coiffe tous les matins, elle me met du gel dans les cheveux pour que j'aie une coiffure à la mode. Une crête pour faire le kéké avec les filles, elle dit. Elle me caresse la joue, elle soupire et elle ajoute : « T'es tout comme moi, toi. Tout blond, tout doré, une vraie miche de brioche. »

Mon papa, il est brun comme de la poudre à canon. Je suis son fils que sur les feuilles d'inscription de la cantine où son nom est marqué en gros. Pezzo. Il paraît que c'est italien. Ma mère dit que l'Italie, c'est le pays de la mafia. Le royaume des voleurs.

Voilà peut-être ce
qu'il est, mon papa.
Mafiosi, mafioso,
mafieux, mafia.
M'en fous.

Je ne fais pas le kéké avec les filles. Je suis trop jeune. C'est les filles qui viennent vers moi.

Celles de ma classe, elles m'aiment bien. Linda me porte mon cartable quand on monte en classe. Karima me propose de me noter mes devoirs sur mon cahier de texte. Juliette me fait passer des petits mots avec des cœurs dessus et elle se retourne toutes les deux secondes et, bien sûr, la maîtresse la gronde. Je me sens un peu désolé pour elle, mais pas tant que ça.

Parce que je crois que je n'ai pas de sentiments.

Je crois que je suis vide.

La preuve, depuis que mon papa est en prison, je n'ai pas pleuré. Pas une seule larme. Rien. Même quand Foulcamp est morte. Foulcamp, c'était notre chatte. Elle avait mon âge. Dix ans. En revenant de l'école, je l'ai trouvée devant l'immeuble, écrasée. Une voiture lui avait aplati la tête. Il ne restait d'elle que sa couleur et des poils et un petit corps ratatiné. J'ai pas pleuré. J'ai dit : « Foulcamp est partie » et ça m'a fait rire.

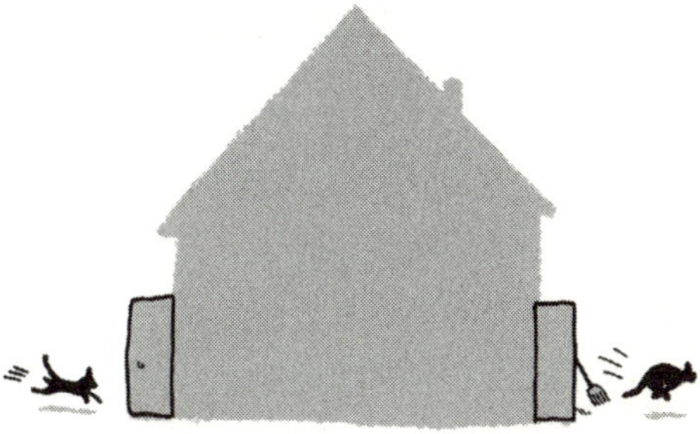

C'était fait exprès, le nom de Foulcamp. Pour qu'on puisse crier dans la rue : « Foulcamp, reviens ! » ou si on était énervé contre elle : « Foulcamp, fous le camp ! » C'est papa qui avait trouvé le prénom tout comme c'est lui qui a choisi le mien. Paolo.

Je n'ai pas pleuré, même quand ma mère a lâché le téléphone qu'elle tenait de sa main droite, en hurlant que son mari était un monstre qui lui avait détruit sa vie,

et quand elle m'a vu, elle s'est enfermée dans sa chambre. Je l'ai entendue pleurer et répéter « Monstre, monstre ».

Je ne pleure plus et du coup, je n'aime plus et je m'en fiche. De tout. Et même des filles.

Juliette écrit qu'elle m'aime et ses mots, je les jette à la poubelle et les copains disent que je devrais en profiter, qu'elle demande que ça mais je m'en balance.

Sauf Magnolia.

Parce qu'elle me ressemble.

Elle n'aime rien.

À part Claude François.

Elle passe son temps à chanter ses chansons de vieux et dans la cour, derrière le tilleul, je la vois danser toute seule. Elle dit qu'elle fait la Claudette et qu'elle s'en fiche de bien travailler à l'école parce que son

métier,
quand elle
sera grande,
ce sera dan-
seuse avec son
papa. Pas besoin
d'études. Juste un
peu d'entraînement.

Certains dimanches, ma mère s'habille bien. Elle se maquille les yeux, la bouche, elle se refait des frisettes aux cheveux. Elle reste une heure dans la salle de bains.

Moi, je m'installe devant la télé. Pour regarder mon émission de foot. Hors de question que je rate mes matchs, mes résumés, mes commentaires, mes joueurs. Hors de question que je l'accompagne. Au parloir.

Rien que le mot, ça me fait dégueuler. Le parloir, là où on parle. Il paraît qu'on est tranquille et qu'on peut même s'embrasser et se toucher. Mais faut vouloir. S'embrasser et se toucher. Je ne veux pas voir mon papa. Je ne veux même pas m'imaginer en train de le regarder. Lui causer, encore moins.

J'imagine, des fois, ce que je pourrais lui dire.

– C'est cool, la prison ?

– Tu t'amuses bien ?

– Tu penses à moi ?

– Tu travailles ?

– Tu fumes encore ?

– Tu t'ennuies ?

– Tu vas t'évader ?

– Comment tu vas t'évader ?

– Tu vas t'évader tout seul ?

– T'évade pas. C'est nul.

Mais voilà, mes questions restent au fond de ma tête parce que je ne veux pas aller au parloir et je ne veux pas lui parler au téléphone. C'est comme si la prison, c'était une tombe, voilà. Mon papa, il est enterré à dix mètres sous la terre et j'aime pas les cimetières. Ni les fantômes.

Les dimanches de parloir, je reste tout seul à la maison avec le foot, et Tantine Jeannine la Reine de la Cuisine me téléphone pour savoir si tout va bien, si je déprime pas, si je m'ennuie, si je joue bien. Si j'ai de quoi manger. Elle ne pense qu'à ça, la bouffe. Je reste toute la matinée tranquille et ma mère revient vers deux heures.

Elle pose les clefs sur la table de la cuisine. Elle me cherche. Elle me demande si je veux qu'on en parle.

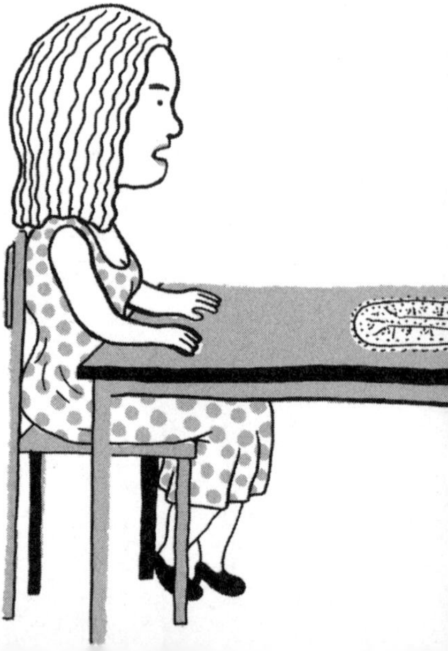

– C'est pas un parloir ici,
je réponds. Parle pas.
Et le dimanche
s'éteint tout seul.

6

L'idée, c'est Magnolia qui l'a eue.

J'étais dans la cour, derrière son tilleul. C'était entre midi et deux, et je crois que je l'attendais. Je ne l'aime pas, Magnolia. Je veux dire, je ne suis pas amoureux d'elle. Il n'y a pas de raison et puis je suis vide. Je le sais, que je suis vide. C'est juste que j'aime bien la voir danser et quand elle chante *Les sirènes du port d'Alexandrie* en levant ses bras, avec ses mains bien droites, plaquées comme pour se protéger du soleil, je la trouve pas trop laide.

Donc, je crois que je l'attendais, mais je faisais semblant de jeter des cailloux et finalement, c'était très drôle. Elle s'est assise à côté de moi.

– Paolo ?

Je déteste ça. Quand les gens disent mon prénom et qu'ils attendent.

J'ai l'impression que

c'est moi qui dois finir la phrase et je ne sais pas quoi dire.

– Paolo ? elle a répété.

– Quoi ? j'ai dit.

Mais j'ai dû avoir un ton pas trop sympathique parce qu'elle a reculé légèrement.

– Paolo, je me disais...

J'ai jeté un caillou puis un œil dans sa direction.

– Je me disais, avec mon père, on se disait, peut-être, si jamais tu voulais bien et si ta mère était d'accord...

J'ai réussi à garder le silence. En balançant une poignée de gravier.

– Ce week-end, mon père, il est en concert. Pas loin. Et...

– Et quoi ? j'ai fini par demander.

– Et on se disait, mais c’est juste une idée, qu’on t’emmènerait bien faire le bal.

D’abord, dans ma tête, ça a été comme une fête. Ouais, j’ai crié dans moi, chouette à mort ! Puis je me suis calmé et j’ai commencé à réfléchir et à redevenir vide.

– Bof, j’ai dit.

– Bof quoi ?

– Oui, bof.

– Mais tu vas voir, c'est génial. On restera en *back stage* et on verra tout et on rentrera tard et on aura de la musique plein les yeux.

– *Back stage* ?

– C'est classe. *Back stage*, c'est ce qu'il dit mon père. *Back stage*. En coulisse.

J'ai haussé les épaules.

– Mon père a dit qu'il se chargeait de ta mère, qu'il allait lui téléphoner. Et qu'il n'y avait pas de raisons qu'elle refuse. Il nous ramènera dans la nuit et on se reposera le dimanche.

J'ai encore jeté un caillou, puis je me suis écarté de Magnolia.

– Bof, j'ai encore dit.

– Je m'occupe de tout, elle a fait. Ne t'inquiète pas.

La sonnerie a retenti et elle s'est dirigée vers la porte de notre classe. Je me suis dit qu'elle marchait comme une danseuse. En flottant.

Le père de Magnolia a le costume le plus brillant de la galaxie. On dirait une comète. Il flamboie de partout et il danse et il court et il chante et il laisse derrière lui une traînée de lumière qui s'accroche longtemps à nos yeux. Ses musiciens aussi scintillent et les cinq filles qui l'entourent sont comme des soleils qui éclatent.

Je suis derrière la scène avec Magnolia, dans un coin juste à côté du batteur. Devant nous, il y a la foule, les gens rassemblés qui dansent. Qui applaudissent, qui hurlent. Dès que le papa de Magnolia s'arrête, on entend le bruit énorme des applaudissements et alors, il annonce une autre chanson et le monde rugit.

Magnolia pose sa main sur mon épaule. Depuis le début du concert, je sens qu'elle me regarde, qu'elle ne quitte pas mon visage des yeux.

– Alors, elle me glisse à l'oreille, est-ce que c'est pas extra ?

Je ne réponds pas et le père de Magnolia lève ses mains au-dessus de sa tête et les fait claquer et le public imite son geste.

– Tu sais, continue Magnolia, si Claude François n'existait pas, mon père, il l'aurait inventé.

J'ai envie de lui dire que je l'ai vu, son papa, dans la petite pièce qui sert de loge, mettre sa perruque blonde et aussi se maquiller. Enfoncer du carton dans sa veste pour s'agrandir les épaules. J'ai vu comment il a serré la main de ma mère en venant me chercher, cet après-midi. Sans la regarder dans les yeux,

en rougissant. J'ai envie de lui dire que c'est tout faux et que le brillant, c'est juste pour nous épater. Nous mettre de la poudre plein les mirettes. Et moi, je vois ces trucs. Les mensonges. J'ouvre la bouche pour lui balancer la vérité et juste à ce moment, le papa de Magnolia l'appelle sur scène et elle y va. Vraiment.

Elle se plante devant les gens.

– *Allô,* lui chante son père.

C'est une tempête dans la foule. Tout le monde pousse des cris, des mains se tendent, des roses apparaissent sur scène, propulsées par les femmes de devant. Le chanteur sourit et s'adresse à Magnolia :

– Écoute, maman est près de toi, il faut lui dire, maman, c'est quelqu'un pour toi.

Et Magnolia lui répond :

– Ah ! C'est le monsieur de la dernière fois. Bon, je vais la chercher. Je crois qu'elle est dans son bain. Et je ne sais pas si elle va pouvoir venir…

Et voilà, ils chantent tous les deux et tout le monde avec eux et moi aussi : *le téléphone pleure quand elle ne vient pas*... et c'est un moment aussi brillant que le costume en toc du papa de Magnolia.

Quand on rentre, il est très tard. On a rangé les costumes, les instruments. Les musiciens et les danseuses ont discuté un long moment devant la camionnette. Magnolia et moi, on attendait. On était assis devant et c'était bien.

Le papa de Magnolia a fini par s'installer au volant. Au début, Magnolia faisait que parler :

– Et tu as vu quand la dame est montée sur scène et qu'elle s'est accrochée à toi et tu as juste fait ce geste, là, en claquant des doigts et elle s'est mise à danser et tout le monde criait « Claude, Claude » et toi, tu restais bien digne et les fleurs qui sont tombées, les pétales de roses, c'était si beau...

Puis elle s'est tue et a fini par s'endormir.

La tête presque sur mon épaule.

Moi, je suis assis à côté du conducteur et je n'ai pas sommeil. Je regarde la route et les lumières défiler. Dans les oreilles, j'ai encore le bruit du bal, comme un écho de coups de tonnerre.

– Tu as aimé ?

– Hein ? je dis.

– Tu as aimé le bal ?

Je hausse presque les épaules, mais je contrôle mon geste à cause de Magnolia qui s'est étalée sur moi.

– Je sais pas.

– C'est sûr, il dit. Il faut aimer Claude François. Mais on finit par s'habituer. À tout. Ton père, il déteste.

Je ne réponds pas tout de suite.

– Mon père ?

– On était ensemble à l'école. Au collège aussi. Après, j'ai arrêté parce que les études et moi, c'était pas le bonheur.

– Je sais pas, je répète.

– La variétoche, la musique pour le peuple, voilà ce qu'il disait ton père. Pas de quoi nourrir l'esprit révolutionnaire. Tu comprends ?

– Non, je dis.

– On était ensemble à l'école et même voisins. J'habitais sur le même palier. Il te l'a dit ?

Je regarde dehors, mais on est dans le noir et je ne vois que le reflet de mon visage dans la vitre.

– J'ai entendu parler de ce qui lui était arrivé, il me balance.

Ton père, il est allé loin. Il t
bien. C'est lui qui me fai
devoirs. Il détestait Claude Fr
variétoche. Pour lui, c'était le
rien que le punk. Qu'est-ce q
s'engueuler !

Il me jette un regard en coin

Mon reflet tout blond et tout doré.

– Ça ne doit pas être facile. Ni pour ta mère ni pour toi.

– Merde, je murmure à mon reflet.

– Quoi ?

Il me regarde et j'ai peur qu'on ait un accident, que la camionnette s'écrabouille contre un platane du bord de la route.

– Bon, il dit.

Il secoue sa tête.

– Ne t'inquiète pas, cette route, je la connais par cœur. Je pourrais la parcourir les yeux fermés.

Je m'aperçois que j'ai les poings serrés et quand j'ouvre les mains, mes ongles ont laissé des traces sur ma peau.

– Ce qu'il a fait, c'est une chose. Mais je veux te dire que ton père, c'était le plus fort.

Je le regarde.

– Non, je dis. Y a pas de plus fort. Même vous, vous croyez que vous êtes le meilleur mais c'est nul, ce que vous faites.

– Le plus drôle. Ton père, c'est l'homme le plus drôle que j'aie jamais rencontré. Il faisait rire tout le monde. Vraiment. Et même si ces derniers temps, il ne t'a pas fait marrer, je te le jure, petit. Le plus drôle.

1
2
3

On finit le reste du trajet en silence. Je ne m'endors pas, j'ai trop peur que le papa de Magnolia perde le contrôle de sa camionnette.

On se gare devant mon immeuble et il m'aide à descendre. On reste tous les deux face à face, dans la rue.

– Je ne monte pas avec toi, tu es grand.

– Oui, je dis. Je suis grand.

– Je vois bien que tu es un grand garçon. Et costaud.

– Oui.
– Mais pas trop costaud, quand même, non ?

Je regarde le papa de Magnolia. Il s'est mal démaquillé et comme on est sous un lampadaire, je vois tout le noir qu'il a sous les yeux et les traînées sales sur ses joues.

– Comme tout le monde, Monsieur, je dis. Comme tout le monde.

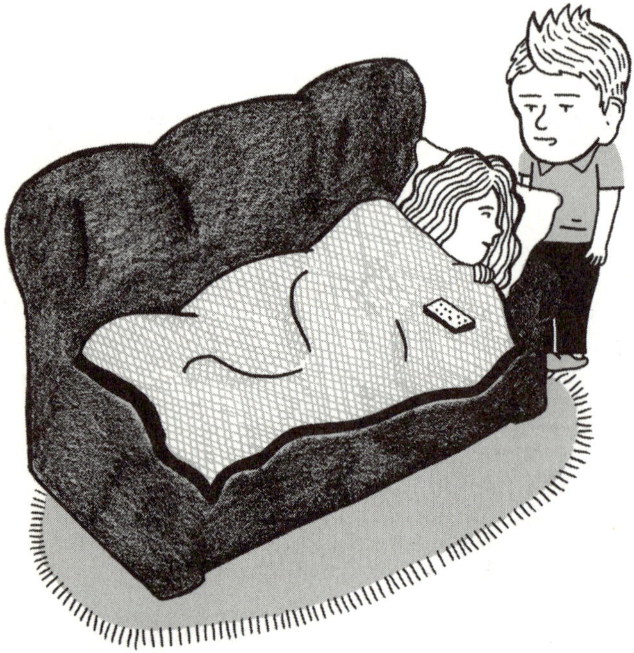

Ma mère m'attend. Elle est allongée sur le canapé avec sa vieille couverture. Mon papa l'appelait « sa moumoute à querelle » parce que, chaque fois qu'ils se disputaient, ma mère dormait devant la télé enroulée dedans.

– Alors ? elle me demande. C'était comment, Claude François ?

Je me glisse à ses côtés et juste avant de m'endormir, je m'entends demander :

– C'est quoi, le punk ?

Quand je me réveille, ma mère est dans la salle de bains. Elle fait couler l'eau, elle s'agite et je me souviens qu'aujourd'hui, c'est un dimanche de parloir. Quand elle sort, elle est belle. Elle a mis sa robe décolletée et ses cheveux sont bien coiffés. Le rouge qu'elle a posé sur ses lèvres est trop vif, mais ça fait oublier ses cernes.

Je repousse la couverture et je la suis.

– Le déjeuner est sur la table et tu fais tes devoirs.

– Je viens, je dis.

Elle ouvre la bouche, puis la referme.

– Bon, elle finit par dire. Mais mange un peu, je t'attends.

Je me dépêche et on se retrouve dans le bus, puis on marche beaucoup. Maman a vendu la voiture pour payer l'avocat et depuis, elle dit qu'on use nos semelles sur le bitume de la vie. On longe de grands murs gris. La prison est derrière, je le sais, c'est comme dans les films. Il y a de grandes tours avec des gardiens dedans.

Devant l'entrée, ma mère appuie sur un bouton de l'interphone et dit son nom. La porte s'ouvre. On suit un long couloir, on passe par une cour. On ne croise presque personne. On arrive devant une porte et ma mère se tourne vers moi.

– Je te laisse avec lui, d'accord.

– M'en fiche, je dis.

– Je t'attends dehors.

La porte s'ouvre et je vois quelqu'un assis sur une chaise, devant une table, et il y a une autre chaise en face. Je m'avance. La porte se referme derrière moi. C'est mon papa. Il me regarde et

il sourit. Pas moi. Je m'assois. La table nous sépare.

– C'est une surprise, il dit.

Il est petit, je le savais. Ses cheveux sont coupés court et il est mal rasé. On dirait vraiment un prisonnier.

– Que tu es beau ! il fait. Maman m'avait dit à quel point tu avais changé, mais je suis épaté.

Il se tient penché en avant. Ses coudes sont appuyés sur la table. Comme si c'était chez lui et qu'il me recevait dans son salon.

– Et tu as...

– Fais-moi rire, je le coupe.

– Quoi ? il dit.

Je ne répète pas. J'attends. Il se gratte la tête. Autour de ses yeux, je vois plein de rides. Je le trouve vieux, mon papa. Et moche. Il soupire.

– Tu connais celle de Toto qui est à l'école ?

Ses mains sont toutes petites, blanches, et je les imagine froides.

– La maîtresse l’interroge et elle lui demande : « Toto, conjugue-moi le verbe voler au futur. » Et Toto répond : « J’irai en prison, tu iras en prison, il ira en prison… »

– C’est pas drôle.

– Non, il dit. Je sais.

– Fais-moi rire.

Il ne bouge pas. On reste un siècle en face l'un de l'autre, dans le silence, et j'ai envie de me lever, de partir et de le laisser dans cet endroit pour le reste de ma vie.

– Tu connais celle du gars qui voit beaucoup d'argent lui passer devant le nez ?

Je hausse les épaules.

– Il en voit tellement, tous les jours, qu'il se dit : « Je vais en prendre un peu. » Alors, le gars, il prend cet argent, une fois, puis encore une autre. À la fin, il en prend trop et il est attrapé. Et il se dit qu'entre l'argent et son enfant, c'est son enfant qu'il aurait dû choisir. Parce qu'il n'y a rien de plus important. Tu comprends ? Mon Paolo.

Et là, mon papa, il m'attrape les mains et il me tire de toutes ses forces et je bascule par-dessus la table, je glisse et je me débats, mais il me tient et je suis dans ses bras et il me serre très fort. Je ferme les yeux même si je continue à gigoter et à cogner, mais je ne hurle pas et je ne sais pas si je pleure. Je frappe, je pince, je mords. Mes bras sont coincés et je ne contrôle plus mes jambes. À un moment, je respire. Ça sent mon papa. Son odeur.

Alors je ne bouge plus. Je me roule en boule et il me serre plus fort et à l'oreille, il me dit des mots et il chante et doucement

je me relâche. Il est tout chaud et ma main se pose sur sa joue avec ses poils qui piquent mais je m'en fiche. Je le touche et c'est mon papa. C'est suffisant.

On reste un moment comme ça, sans plus rien se dire. On se respire. Il a calé son nez dans mon cou et j'ai laissé ma main sur sa joue.

Le gardien entrebâille la porte et il dit que je dois sortir mais je ne veux pas alors mon papa ouvre ses bras et il me laisse couler par terre.

– Je sors bientôt, Paolo.
Et tu vas voir, on va se marrer. Je te jure.

Maman me récupère et on s'éloigne de la prison. Et même dehors, j'ai l'odeur de mon papa dans le nez.

C'est la récréation. Magnolia est sortie de la classe en courant pour se glisser derrière son arbre. Dès que la sonnerie retentit, elle se précipite là-bas. C'est son habitude et tout le monde se recule parce qu'elle ne réfléchit pas, elle pousse, elle court, elle arrache. Elle pourrait mordre et griffer pour ne pas perdre un instant. Personne ne doit se trouver sur sa route. Elle fonce dans les couloirs et elle jaillit dehors.

Elle n'attend pas. Tout de suite, elle lève ses bras, elle tend ses jambes et sa tête se redresse. C'est une danseuse et je me dis qu'elle est belle, quand même. Je l'entends chanter ses chansons. Ses mots se perdent dans les cris des autres et je ne comprends pas tous les mots qu'elle prononce.

À un moment, elle me voit et elle me sourit. On reste tous les deux face à face. Je pourrais m'avancer et la rejoindre. Mais je suis un mec. Les mecs ne dansent pas. Alors je lui fais un salut avec la main et elle me tire la

langue. Et reprend sa chanson. *Comme d'habitude,* elle chante, *je me lève et je te bouscule, comme d'habitude.* Je laisse sa voix envahir et remplir la cour puis je m'éloigne. Aujourd'hui, j'ai envie de rien faire. Me poser dans un coin. Éric m'appelle.

– Paolo, viens, on va jouer, allez !

Je secoue la tête.

– Allez, viens, quoi !

– Je veux pas, je dis.

– Fais pas ta chochotte !

Je soupire. Je ne suis pas une chochotte.

– D'accord, je dis. Mais on joue à quoi ?

– Ben, on joue aux flics et aux voyous. Jérôme et Abdelkader, ils sont les flics et Théo, Paul et Yasser, ils sont les voleurs. Et toi, Paolo, tu es qui ?

Je regarde Magnolia au fond, derrière son arbre-paravent, qui tourbillonne et saute et chante puis je souris.

– Moi, je dis, je suis Claude François.

Rachel Corenblit

Sous la douche avec de l'eau plein les oreilles, dans les embouteillages entourée de voitures ronchonnantes, à quatre heures du matin pour rivaliser avec les rossignols insomniaques, je me mets à chanter.

Oui, voilà, je vous le dis. Chanter fort et faux mais quelle importance ! Et souvent c'est lui... Claude : *Le lundi au soleil*, *Comme d'habitude*, *Si j'avais un marteau*. Claude... L'unique... Le François. C'est pourquoi il s'est glissé dans mon texte, tout naturellement.

Et je n'ai pas su résister à *Magnolia pour toujours*...

Nikol

Il est difficile de comprendre à dix ans que notre monde tourne autour des différences de chacun. Que l'on soit riche comme pauvre, on subit le regard des autres et l'on accepte difficilement son sort. En lisant, *Le métier de papa*, j'ai vite compris que l'on était bien loin des histoires de pirateries ou des grandes batailles épiques de Gengis Khan qui nous font tant rêver. La grande bataille

que livre Paolo à la destinée de son père prend finalement une nouvelle tournure quand son amitié pour Magnolia réveille en lui l'amour qu'il a pour son père. Comme quoi, tout s'arrange avec du temps, de la patience et des gens qu'on aime.

Déjà parus dans la collection **zigZag**

Adieu ! signé Nils, Patrice THOMASSE, ill. Maud LENGLET

À mes amourEs, Claudine GALEA, ill. THISOU

Arrête ton cinéma !, Guillaume GUÉRAUD, ill. Henri MEUNIER

Ça tourne pas rond, Alex COUSSEAU, ill. Séverin MILLET

Déguisés en rien, Alex COUSSEAU, ill. Nathalie CHOUX

Des cerises plein les poches, Alex COUSSEAU, ill. Mariona CABASSA

Des jours blancs, Sylvie DESHORS, ill. Natacha SICAUD

E comme émotions, Estelle LÉPINE, ill. Maud CRESSELY

Fil d'or et bottes blanches, Irène COHEN-JANCA, ill. Candice HAYAT

Gros dodo, Hélène VIGNAL, ill. Claire FRANEK

Jean-Débile Monchon, Vincent CUVELLIER, ill. Aurélie GRAND

Je sens pas bon, Emmanuel ARNAUD, ill. Princesse CAMCAM

Je veux un vieux Noël, Irène COHEN-JANCA, ill. Caroline DALL'AVA

Koi, Frank SECKA, ill. Julie MERCIER

La Chauffeuse de bus, Vincent CUVELLIER, ill. Candice HAYAT

L'Ami l'iguane, Alex COUSSEAU, ill. Anne-Lise BOUTIN

La Ferme hallucinante, Frank SECKA, ill. Claire FRANEK

La Mine à bonbecs, Irène COHEN-JANCA, ill. Laurent MOREAU

La Nuit de mes 9 ans, Vincent CUVELLIER, ill. Charlotte LÉGAUT

Le Grand concours, Hélène VIGNAL, ill. Laëtitia LE SAUX